RELATION
D'UN
VOYAGE
DU
POLE ARCTIQUE
AU
POLE ANTARCTIQUE
PAR LE
CENTRE DU MONDE.

'Avec la Description de ce perilleux Paſſage,
& des choſes merveilleuſes & étonnantes
qu'on a découvertes ſous le Pole Antarctique.

AVEC FIGURES.

A PARIS,
Chez Denys Horthemels, Place de Sorbonne,
à S. Jean-Baptiſte.

M. DCC. XXIII.

TABLE
DES CHAPITRES.

ă 2   que.

TABLE

TABLE

LE PASSAGE
DU POLE ARCTIQUE
AU
POLE ANTARCTIQUE
PAR
LE CENTRE DU MONDE.

CHAPITRE I.

Départ de l'Auteur d'Amsterdam pour le Groenland, comment l'Auteur & ses Compagnons commencerent à s'appercevoir qu'ils approchoient de l'effroyable tournant d'eau qui est sous le Pole Arctique. Description du tournant.

Ayant toûjours eû dés ma jeunesse une trés-grande passion pour les

A Voya-

Voyages , j'ai parcouru pour contenter ma curioſité , toutes les principales parties du vieux & du nouveau Monde , & à la fin de ma derniere courſe , je me trouvai dans la grande & fameuſe Ville d'Amſterdam, où je fis connoiſſance avec trois ou quatre gros Négocians , qui me dirent qu'ils équipoient un Vaiſſeau pour l'envoyer dans le Groenland à la Pêche de la Baleine. A cette nouvelle , je ſentis mon inclination naturelle ſe ranimer, & je conçûs d'abord le deſſein

de

de faire ce Voyage, n'ayant
point encore vû les Climats
glacez des Zones froides ;
je commençai donc d'ache-
ter tout ce que je crûs né-
cessaire, & ayant mis en
ordre tout mon petit équipage, je m'embarquai le
troisiéme du mois de Mai
de l'année mil sept cens
quatorze ; nous partîmes
avec un Vent favorable, &
eûmes un tems à souhait
pendant quelques jours; mais
le dixiéme vers le soir le
Ciel s'obscurcit, & se couvrit en peu de tems de nuages noirs & épais, & les

Vents se mirent à soufler
avec une telle véhémence
& impétuosité, que l'équipage fut alerte toute la nuit
suivante, & cette tempête
nous porta vers l'Oüest
avec tant de rapidité, malgré toute nôtre manœuvre,
que le matin environ à quatre heures nous nous trouvâmes à la vûë des Côtes de
l'Isle d'Islande, dont nous n'é-
tions éloignez que d'environ
trois lieuës, le Vent pour
lors étant tombé, un calme
me de douze heures lui suc-
céda, aprés lequel nous reprîmes nôtre route avec un
pe-

petit Vent Sud-Eſt, nous voguâmes aſſez heureuſement juſqu'au quatorze que nous aperçûmes deux Vaiſſeaux qui nous parurent venir du Groenland, & prendre la route de Hollande, nous étions alors au ſoixante-huitiéme degré 17. minutes de latitude, mais nous les perdîmes bien-tôt de vûë car le tems ſe changea ſubitement, & nous vîmes ſe former du côte de l'Eſt un affreux Orage, qui s'aprochant de nous dans l'eſpace de quelques minutes, nous fûmes d'abord environnez

d'un

d'un nombre infini d'éclairs qui furent suivis d'épouventables éclats de tonnerre & d'une pluye si grosse, si forte & si longue, que le Ciel sembloit menacer la terre d'un second déluge : l'obscurité étoit si grande que nous ne pouvions distinguer les objets de la Poupe à la Prouë ; les vagues étoient si grosses, & les Vents s'entrechoquoient avec tant de furie, que notre Pilote, quoique très-experimenté, ne savoit presque plus quel parti prendre. Enfin, après avoir été long-

timoit être le plus dangereux écueil du monde, au
milieu duquel il devoit y
avoir un goufre épouven-
table & fans fonds, où toutes les eaux de ces Mers fe
précipitans, avoient commu-
nication par le centre de la
terre, avec les Mers qui
font fous le Pole Antarctique, ce recit nous glaça
d'effroi, & nous fit friffon-
ner dans toutes les parties
de nôtre corps, car nous
voyions que le cours de
l'eau nous amenoit, & qu'il
nous étoit impoffible de re-
trograder ; fur cela nous
tin-

tinmes conſeil , & il fut
conclu, que quoiqu'il n'y eût
preſqu'aucune apparence de
ſalut pour nous , il falloit
néanmoins prendre toutes
les précautions imagina-
bles , & boucher toutes les
ouvertures du Vaiſſeau ,
pour fermer tout chemin à
l'eau , ce que nous executâmes ſur le champ avec un
empreſſement . & une diligence incroyable , après
quoi nous montâmes tous
ſur le Pont; pour voir enſemble ſi nous ne pour-
rions pas trouver le moyen
d'éviter l'affreux péril dont
nous

nous étions menacez ; pour
lors le Soleil ne se couchoit
plus , & nous le voyions
toûjours tourner au tour de
nous sur les bords de l'Ho-
rizon , mais il étoit un peu
pâle ; nous aperçûmes vers
l'Oüest une assez longue
Côte , qui avoit trois Caps ,
dont celui du milieu s'avançoit beaucoup plus dans la
Mer que les deux autres ;
on y voyoit plusieurs hautes Montagnes toutes cou-
vertes de neige & de glace ,
& dont les entre-deux nous
paroissoient tout en feu : de
ce même côté , en tirant
vers

vers la droite, nous vîmes
un gros amas de nuages,
d'une couleur presque verte,
mêlée d'un gris fort obscur,
& dont une partie descen-
doit si bas qu'elle touchoit
presque la Mer, il en fortit une infinité d'oiseaux
dont le nombre, en volant
vers nous, s'accrut si pro-
digieusement que tout l'air
d'alentour en fut obscurci,
une troupe se détacha du
gros, & passant immédia-
tement sur nos têtes, ils en-
trérent en une telle furie les
uns contre les autres, qu'ils
se bequétérent cruellement,

&

& de telle forte que trois tombérent morts fur nôtre Pont, leur plumage étoit trés-noir, & leur bec rouge comme du fang, ils avoient depuis la tête jufqu'à l'ex- trêmité de la queuë une raye blanche comme de la neige, mais nous perdîmes bien-tôt tous ces oifeaux de vûë ; on demandera peut- être comment ils peuvent traverfer ces vaftes Mers ; mais il eft à préfumer, qu'ils fe repofent de tems en tems fur ces grandes piéces de glace qu'on trouve en plu- fieurs endroits dans les

Mers

Mers du Nord ; cepen-
dant nous ſuivions toûjours
malgré nous le penchant des
eaux , juſqu'à ce qu'enfin
notre Vaiſſeau fit tout d'un
coup comme un demi tour
à gauche , & alors nous voguâmes d'un mouvement
circulaire , ce qui nous fit
connoître que nous étions
entrez dans le tournant ;
cette Mer tournoyante
fourmille par tout d'un
nombre innombrable de pe-
tits Poiſſons , à peu prés de
la groſſeur des Harangs , de
la moitié du corps , à l'ex-
tremité de la queuë , ils ſont
d'une

d'une trés belle couleur
d'or, & comme ils nâgent
presque toùjours la tête en
bas & à fleur d'eau ; & le
Soleil refléchissant sur toutes
ces queuës qui sont toutes
entieres hors de l'eau, ce
tournant ressemble à un
Ciel d'eau tout couvert
d'un nombre infini d'é-
toiles d'or qui sont dans un
perpetuel mouvement ; un
objet de cette nature, char-
meroit sans doute des gens
qui le pourroient contem-
pler d'un œil tranquile ;
après avoir fait plusieurs
tours, nous apperçûmes au
mi-

milieu du tournant, une es-
péce d'isle flotante plus
blanche que la neige, mais
nôtre mouvement circulai-
re nous aprochant toujours
du centre, nous reconnû-
mes que cette Isle préten-
duë, n'étoit qu'une haute
écume que les eaux en se
précipitant & s'engouffrant
dans cet abîme, formoient
sur leur superficie ; nous jugeâmes alors qu'il etoit tems
de nous retirer au dedans du
Vaisseau, ce que nous fimes à
l'instant, en descendant tous
à fonds de calle, pour y attendre ce que le Ciel ordonne-
roit de nous.   Cha-

CHAPITRE II.

Comment leur Vaisseau fut engoufré au centre du tournant, comment ils se trouverent insensiblement sous le Pole Antarctique, & comment ils connurent qu'ils n'étoient plus sous le Ciel du Nord.

A Peine avions-nous été renfermez dix ou douze minutes, que nous nous sentîmes enfoncer dans ce profond abîme avec une rapidité inconcevable, le

B fi

fiflement & le bourdonne-
ment horrible que nous
entendions fàns ceffe au-
tour de nous , en portant
dans nos ames la terreur &
l'effroi , nous ôta peu à peu
la connoiffance , & nous
jetta dans une efpece d'éva-
vanoüiffement qui nous mit
hors d'état de nous appercevoir du tems que nous ref-
tâmes entre ces épouventables torrens qui roulent
avec tant d'impetuofité fous
ces affreux fous-terrains ;
mais enfin nous étant ré-
veillez de cet affoupiffement
où nous étions plongez, &

ne

ne sachans pas bien encore
si nous étions morts ou vi-
vans , nous revinmes bien-
tôt à nous , & prêtant l'oreil-
le , nous n'entendîmes rien
du tout , & il nous sembla
à tous que notre Vaisseau
étoit presque sans mouve-
ment ; notre Pilote le plus
hardi de tous s'avantura de
monter en haut , il ouvrit
du côté de la Poupe , &
monta sur le Pont , nous
le suivîmes tous les uns
aprés les autres , & nous
nous vîmes avec la derniere
surprise sur une Mer calme ,
& environnez d'un broüil-

lard

lard si épais qu'il nous étoit impossible de distinguer aucun objet tout autour de nous, le broüillard & la Mer étoient d'une même couleur, de sorte qu'il nous sembloit que nôtre Vaisseau étoit suspendu dans les airs, mais peu à peu l'air s'éclaircit & le jour étoit à peu prés comme il est l'Eté dans nos Climats, une petite demie heure aprés le Soleil couché, il est aisé de se figurer la joye dont nous fûmes tous pénétrez aprés nous être crus perdus sans ressource, de voir que nous pouvions en-

encore efperer de retourner
dans nôtre Patrie, cepen-
dant nous ne fçavions où
nous étions, & nôtre Pilote
ayant pris hauteur, nous
trouvâmes foixante & onze
degrez & huit minutes de
latitude Meridionale, ce
qui nous fit connoître que
nous étions dans les mers
du Sud, fous le Pole An-
tarctique, pour lors il ne
faifoit pas le moindre Vent,
nous nous occupâmes à re-
mettre en état autant qu'il
étoit poffible tous nos cor-
dages & nos Voiles, nous
avions encore dans le Vaif-

seau des provisions pour
quelque tems ; au bout d'environ quatre ou cinq heures
il se leva un petit Vent
Nord-Ouest , mais si ter-
riblement froid , que la
Mer fut toute prise dans
l'espace de quelque mo-
mens ; je puis dire que je
n'avois jamais senti un froid
si pénétrant, & je doute que
nous eussions pû y resister
s'il eût continué long-tems,
mais par bonheur il tomba
tout d'un coup une petite
pluye douce qui nous fit
passer dans quelques minutes du plus rude Hyver au
Prin-

Printems. La sage Providen-
ce, pour suppléer au défaut
du Soleil qui s'éloigne pour
si long-tems de ces tristes
Climats, tempere leur ex-
trême froideur par des exhalaisons chaudes, qui con-
servent même assez avant
dans l'Hyver les herbes, les
plantes, & les arbustes
qu'on y voit, nous portâ-
mes avec toutes nos voiles
vers, une grande Côte que
nous aperçûmes à l'Est,
dans l'espérance de pouvoir
mettre pied à terre quelque
part, & nous vîmes à une
de ses extrémitez qui s'a-
van-

vançoit vers le Pole Antarctique, une lumiére qui ressembloit assez à l'aurore, nous savions pourtant bien que ce n'étoit pas l'avant-couriére du Soleil, puis qu'il se devoit passer plusieurs mois, avant qu'il reparût dans ces Régions : nous ne pouvions plus faire de distinction entre le jour ni la nuit, le matin ni le soir, cependant le jour étoit assez grand pour nous empêcher de voir les étoiles, il s'éleve dans les airs des exhalaisons lumineuses pendant l'absence du Soleil ,.

autrement les deux Zones froides, feroient alternativement pendant fix mois, enfévelies dans une affreufe nuit, comme nous voguions doucement vers la Côte fufdite, nous vîmes en quatre ou cinq endroits diftans l'un de l'autre d'environ la portée d'un moufquet, de groffe écume boüillonnante qui s'élevant affez haut avec impétuofité formoit au deffus de la furface de la Mer, comme de petites colines, ces boüillons d'eau & d'écume avoient tant de force, que nôtre Vaiffeau en paffant

C   au

au travers, en penſa être renverſé. Nous ne pûmes jamais comprendre ce que ce pouvoit être, mais nous n'en vîmes plus depuis. Cependant, cette lumiere dont je viens de parler, ayant peu à peu diſſipé les nuages qui nous la cachoient, elle s'éleva tout d'un coup, & brilla d'une telle ſorte à nos yeux, qu'elle nous jetta tous dans l'admiration; c'étoit un météore merveilleux, qui formoit un ovale parfait d'un bleu trés-obſcur & qui étoit tout parſemé d'étoiles ; celle du milieu qui

qui étoit la plus grande,
paroissoit dominer sur toutes les autres, comme on
le peut voir dans la figure A. Cet admirable Phénomene augmenta le jour de
moitié sur la Côte, tellement que nous pouvions voir
plus distinctement tous les
objets ; aussi en étions-nous
déja fort prés, & y ayant
enfin abordé, comme nous
avions dessein d'y mettre
pied à terre, nous jettâmes
l'ancre.

CHAPITRE III.

Ils mettent pied à terre sur la Côte, & pénétrent dans le Pays environ une lieuë & demie. Description de la grande Isle flotante qui est sous le Pole Antarctique, & de la Montagne de glace qui est au milieu de figure Piramidale, & qui semble taillée à facettes ; des méteores merveilleux qui paroissent de tems à autre autour de l'Isle flotante.

A L'endroit où nous mouillâmes, la Côte étoit toute bordée de grands roseaux, qui hors de l'eau

pa-

paroiſſoient de la hauteur
d'une pique, & du moins
de la groſſeur du bras, qui
ſe terminoient en une pointe fort aiguë ; ils avoient
des nœuds d'eſpace en eſ-
pace, & au deſſous de ces
nœuds pendoient de grandes
feüilles jaunâtres larges d'un
bon empan, & environ de
la longueur d'une aune de
Hollande. Nous mîmes la
chaloupe en Mer pour aller
à terre, & nous eûmes
beaucoup de peine à paſſer
au travers de ces roſeaux,
parce qu'ils étoient fort ſer-
rez & proches les uns des

au-

autres : nous prîmes toutes
nos armes à feu, autant pour
nous défendre des bêtes fal
rouches, que pour tuer
quelque gibier, s'il arrivoit
que nous en rencontraffions ;
après avoir grimpé en haut,
parce que le terrain étoit
efcarpé, nous trouvâmes une
belle Plaine toute femée
d'une herbe menuë & cour
te qui exhaloit une agréable
odeur ; elle étoit bornée de
trois grandes chaînes de
Montagnes qui s'étendoient
à perte de vûë à droite &
à gauche ; ces Montagnes
nous parûrent pofées en

Am-

Amphithéâtre ; le second
rang étant plus haut que le
premier , & le troisiéme
beaucoup plus haut que le
second. Le premier rang, à
sçavoir le plus proche de
nous , n'étoit proprement
que de grandes colines , toutes revétues de mousse verte ; les Montagnes du se-
cond , étoient toutes couvertes de neige , & celles
du troisiéme , paroissoient
dans le lointain d'un rouge
enflammé, ce qui produisoit
un des plus beaux aspects
qu'on se puisse imaginer :
Quand nous eûmes traversé

la

la Plaine, & gagné le pied des colines, nous paſsâmes plus avant, & vîmes qu'elles formoient en cet endroit une grande enceinte ou enclos environ d'une bonne lieuë de diamétre ; cette enceinte étoit toute pleine de grandes herbes ſi hautes, que les deux plus grands hommes de notre troupe y étans entrez, on leur voyoit à peine le ſommet de la tête, nous remarquâmes que tout autour de l'enclos, il y avoit dans les colines de grands trous ou antres, que nous jugeâmes être la retraite

traite de quelques bêtes fa-
rouches; & en effet, quelques
momens aprés, nous vîmes
sortir de ces grandes herbes, à deux cens pas de
nous, trois Ours blancs
d'une grosseur prodigieuse,
qui sans se tourner ni de
côté ni d'autre, entrerent
dans l'antre qui étoit vis à
vis d'eux, nous ne trouvâmes pas à propos aprés cela
de rester dans un lieu qui
nous sembloit si périlleux,
nous en sortîmes sur le
champ, & nous avançant
toûjours vers les Montagnes,
nous trouvâmes un petit
Ruis-

Ruiſſeau d'eau douce trés-
claire, ſur les bords duquel
nous vîmes ſe promener un
grand nombre d'oiſeaux à
peu prés de la groſſeur des
Cailles; ils étoient ſi peu fa-
rouches qu'ils ſe laiſſoient
prendre à la main, nous
en tuâmes quelques-uns, que
nous envoyâmes à bord; en
ſuivant ce Ruiſſeau il nous
conduiſit inſenſiblement entre deux Roches fort hautes
& fort eſcarpées, & toutes
couvertes de glace depuis
le haut juſqu'au bas, nous
y ſentîmes d'abord avec la
derniére ſurpriſe un froid
ex-

extrême, & nous ne pou-
vions comprendre, com-
ment en fortant d'un air
fort doux & prefque chaud,
celui où nous venions d'entrer pouvoit être fi rude,
nous marchions pour lors
fur une neige fort dure, &
nôtre petit Ruiffeau étoit
entiérement gelé dans cet
entre-deux, la montagne qui
étoit à nôtre droite rece-
vant fur fa furface glacée
toute la lumiére du météore dont j'ai parlé, & la re-
fléchiffant fur la Montagne
qui lui étoit oppofée, elles
brilloient toutes deux d'une
tel-

telle maniére, que nos yeux
en furent éblouïs , & que
nous avions de la peine à
voir ce qui étoit devant
nous ; si-tôt que nous fûmes
sortis d'entre ces Montagnes,
nous sentîmes un air doux
& temperé , & le Ruisseau
couloit & serpentoit comme
de l'autre côté ; à deux cens
pas de là nous le vîmes se
perdre dans la terre , vis
à vis d'une Roche qui a-
voit la figure d'une grosse Tour ronde , la Natu-
re y avoit creusé une espece
de Grote , qui avoit trois
ouvertures du haut en bas,

en

en forme d'Arcades , & au
milieu en dedans on y voyoit
un grand Baſſin dans le-
quel nous remarquâmes que
le Ruiſſeau ſe jettoit par un
Canal ſous - terrain , il y
avoit dans cette Grotte, pluſieurs niches , où nous trouvâmes des nids d'oiſeaux, &
dans quelques-uns des œufs
d'un verd fort pâle, trois fois
plus gros que nos œufs de
Canne , le deſſus de cette
Roche étoit plat en forme de
terraſſe, & tout plein d'une
herbe fort ſemblable à notre
Pourpier , mais de beau-
coup plus grande, les feüil-

les

les en étoient extrêmement
larges & environ de l'épaiſſeur du petit doigt , & ſa
tige étoit ſi longue que
pluſieurs pendoient depuis
le haut juſques en bas;
aprés avoir admiré cet ouvrage de la Nature, nous ne
jugeâmes pas à propos de
pouſſer pour lors plus avant,
& nous reprîmes la route de
nôtre Vaiſſeau , mais non
pas tout à fait par le même
chemin , nous tirâmes un
peu ſur la gauche, & aprés
avoir marché quelque peu de
temps, nos oreilles furent ſubitement frapées de mugiſ-
ſemens

semens & hurlemens horribles qui venoient du même côté où nous avions vû ces trois Ours blancs ; tout l'air d'alentour en retentiſſoit d'une telle ſorte, que nous jugeâmes qu'il falloit qu'il y eût dans cet endroitlà un très-grand nombre de ces animaux feroces : Nous arrivâmes inſenſiblement ſur un terrain raboteux & pierreux qui nous conduiſit vers un amas de groſſes Roches fort près les unes des autres ; elles avoient des veines rouges, vertes & bleuës à peu près comme

le

le marbre, & comme nous
y vîmes à droite & à gau-
che une eſpece de Marais,
nous fûmes contraints de
paſſer tout au travers ; nous
y trouvâmes diverſes routes
qui ſe croiſoient les unes les
autres comme dans un la-
byrinte , de ſorte que nous
nous y égarâmes quelque
temps ; mais enfin un des
nôtres ayant trouvé l'iſſuë
nous en ſortîmes : à pei-
ne en étions-nous à quatre
pas qu'une monſtrueuſe bête
s'élança contre nous de derriere un petit Rocher ; elle
étoit de la figure & de la
cou-

couleur d'un Crapaud, mais
infiniment plus grosse ; elle
avoit sur la tête une grande
crête d'un vilain bleu pâle,
& dardoit de tems en tems
de sa gueule une écume jaune & verte ; elle se tourna
du côté du Marais, & s'y
jettant d'un seul saut, elle
y plongea de sorte que nous
ne la vîmes plus. Nous ne
doutâmes pas que dans ce
lieu il n'y en eût plusieurs
de la même espece, & que
ces bêtes ne fussent trés-
venimeuses. Nous continuâ-
mes de marcher avec beau-
coup de peine dans ce che-

D   min

min pierreux , juſqu'à la
belle Plaine où nous avions
mis pied à terre, & nous vinmes heureuſement à bord, où
nous cuiſimes les oiſeaux que
nous avions pris : la chair
en étoit fort dure , mais
d'aſſez bon goût & appro-
chant de celle de Canard.
Nous formâmes le deſſein de
faire bien-tôt une feconde
courſe & de prendre de ces
oiſeaux & de toutes les autres eſpeces que nous pourrions trouver , afin d'épar-
gner le reſte de notre biſ-
cuit & de nos autres pro-
viſions qui ſe pouvoient
gar-

garder. Nous vîmes alors
avec chagrin s'évanouir le
beau météore qui commen-
ça de paroître quand nous
arrivâmes fur cette Côte,
& nous eûmes enfuite une
petite pluye mêlée de neige & de groffe grêle qui dura plus de quinze heures;
nous mefurions alors notre
tems avec un fablier que nous
trouvâmes heureufement
dans le Vaiffeau ; l'air devint fi froid qu'il nous étoit
impoffible de refter feule-
ment un demi quart d'heure
fur le Pont ; mais cette
pluye ayant ceffé, l'air fe

radoucit tellement, qu'il nous ſembloit reſpirer un air d'Automne comme il eſt dans les Climats tempe- rez, & un autre Phénomene ſe montra du côté de l'Oueſt qui n'étoit pas à beaucoup prés ſi brillant que le pre- mier, mais pourtant trés- beau, il formoit un zig-zag ir- regulier, & reſſembloit trés- bien à une conſtellation. Il avoit dans la partie inferieu- re une eſpece de queue qui étoit fort large à l'extrêmi- té, comme on le peut voir dans la figure B. Il faut re- marquer, que depuis que nous

nous étions à l'ancre, notre
vûe avoit toûjours été bornée vers le Sud, c'est à dire,
du côté du Pole Antarcti-
que par de gros nuages fort
épais, qui furent enfin dissi-
pez par une de ces belles
exhalaisons lumineuses si
frequentes sous les Poles ;
de sorte que nous découvrîmes tout d'un coup une Isle
qui nous parut floter sur la
surface des eaux, & que
nous vîmes en effet s'aprocher de nous environ jus-
qu'à une portée de canon :
cette Isle étoit presque ronde, & n'étoit sans doute
qu'un

qu'un aſſemblage de ces grandes piéces de glace qu'on voit dans les Mers, qui s'étoient liées & congelées enſemble : il y avoit au milieu une grande montagne de glace qui s'élevoit fort haut en figure piramidale, & les piéces qui la formoient étoient par un ſurprenant artifice diſpoſées de maniere qu'elle paroiſſoit toute taillée à facettes comme un diamant, avec cette difference, que les facettes étoient proportionnées à ſa grandeur. L'Iſle étoit toute couverte de neige,

ge , & on voyoit ſur ſes
bords de diſtance en diſtance comme de petits arbres
de glace , qui jettoient des
rameaux chargez de floquets
de neige qui leur tenoient
lieu de feüilles & de fruits;
mais ſur la montagne il n'y
avoit pas la moindre neige ,
toutes ſes glaces étoient
claires & tranſparentes comme le criſtal. Nous conſi-
derâmes toutes ces choſes
aſſez long-temps , & enſuite
nous nous allâmes repoſer :
après que nous eûmes dormi
quelques heures , en voulant
monter ſur le Pont nous fûmes

mes tout épouvantez de voir
l'air tout enflammé, mais
ayant jetté la vûë du côté
de l'Iſle, nous connûmes
que cette grande illumina-
tion procédoit de ſix mé-
téores merveilleux, qui pendoient dans les airs, dans u-
ne diſtance à peu prés égale, tout autour de la Montagne, comme autant de
grands & magnifiques luſ-
tres : ils étoient tous de la
même figure & étoient com-
poſez chacun de quatre gros
globes de feu ; celui d'en-
bas étoit le plus gros ; le
ſecond, le troiſiéme & le
qua-

quatriéme alloient en diminuant comme on le voit dans
la figure C. Tous ces globes
lumineux étant multipliez
à l'infini dans les facettes
de la montagne, la faisoient
paroître toute de feu : tous
ces grands & surprenans objets faisoient ensemble un
effet, dont les yeux étoient
ravis & enchantez, & de
telle sorte, que frapez d'admiration & d'étonnement,
nous restâmes quelques momens immobiles comme des
statues. Comme nous étions
encore attentifs à les con-
templer, nous aperçûmes

E   fort

fort haut dans les airs trois
grands Oiſeaux qui fondi-
rent tout d'un coup vis à vis
de nous ſur la Côte ; leur
plumage étoit un mêlange
de gris & de brun ſur leur
tête, ils avoient une grande
aigrette de trois plumes
blanches comme neige,
dont les extrêmitez étoient
d'un trés-bel incarnat, &
leurs queuës étoient plus
longues que tout leur corps,
& ſembloient un éventail à
demi ouvert ; ils étoien
plus grands & plus gros que
des Aigles, & aprés qu'ils
eurent bequeté & fouillé
l'herbe

l'herbe quelque temps, ils
s'envolerent tous trois rapidement vers la montagne
de glace, & ayant long-
tems voltigé tout autour,
ils monterent fur fon fommet, & nous ne les vîmes
plus. Nous jugeâmes que
peut-être ils y avoient leurs
nids, c'étoient de trés beaux
Oifeaux.

CHAPITRE IV.

Du merveilleux Lac dont les eaux ſont preſque toûjours chaudes, & de ſes cinq admirables Caſcades. Deſcription de la Vallée des Roſes blanches, où l'on voit un Monument très-remarquable, une Fontaine rare & ſinguliere, & quelques arbuſtes très-beaux & agréables à la vûe.

COmme nous étions dans un plein repos, nous

nous fûmes réveillez par un
Vent impétueux , qui don-
noit de telles fecouffes à
notre Vaiffeau, que de crain-
te que notre cable ne fe
rompît, nous nous levâmes
tous au plûtôt ; mais nous
ne vîmes plus l'Ifle flotante,
ni les beaux Phénomenes
qui étoient tout autour. La
Mer étoit fort groffe , &
toute pleine de groffes piéces de glaces qui s'amonce-
lant les unes fur les autres,
formoient par-ci & par-là de
petites montagnes flotantes ;
Lorfque le temps fut plus
beau , ce qui ne tarda guéres

à

à arriver. Nous réſolûmes de faire, comme nous avions projetté, une ſeconde courſe dans le Pays ; ayant laiſſé à bord deux ou trois des nôtres, nous prîmes toutes nos armes, & enfilâmes un autre chemin que la premiere fois. Il faut remarquer que cette Côte eſt fort montagneuſe, mais on y trouve quelques petites Plaines & des Valées. D'abord nous marchâmes entre des roches ſeiches & arides, où il n'y avoit ni herbe ni mouſſe, & on y trouvoit des précipices affreux, au bas deſquels

rou-

rouloient de gros torrens
avec un bruit épouventable;
nous étions contraints de
passer dans de petits sentiers
trés étroits & trés dangereux ; mais enfin, nous
sortîmes heureusement de
cet endroit où nous nous
étions insensiblement enga-
gez, & nous montâmes sur
une haute montagne d'où
nous pouvions jetter la vûe
de toutes parts; nous y vîmes
l'Eté & l'Hyver tout à la
fois, car d'un côté il y avoit
des Plaines où tout étoit
gelé & couvert de neige, &
de l'autre des Valées où

re-

regnoit par-tout une riante verdure ; l'air y étoit ſi clair & ſi lumineux, que ſans le ſecours du Soleil nous y pouvions aiſément diſtinguer les plus petits objets. Nous y deſcendîmes, & trouvâmes tous ces lieux tapiſſez d'une herbe courte & menuë ; on y voyoit par-ci par-là des plantes qui jettoient de longues feüilles & ſerrées : nous en arrachâmes quelques-unes, dont la racine étoit ronde & plate ; à peu prés groſſe comme le poing, & couverte d'une peau noire fort mince ; la

chair

chair étoit d'un blanc rou-
geâtre & d'un goût appro-
chant de celui de l'amande.
Nous en trouvâmes beau-
coup depuis fur la Côte,
aux environs de l'endroit où
nous avions jetté l'ancre, que
nous mangions au lieu de
pain ; ce lieu nous parut ſi
agréable que nous nous y
reposâmes quelque tems, de
là nous entrâmes entre deux
longues chaînes de monta-
gnes, couvertes de mouſſe
depuis le pied juſqu'au ſommet, & d'où diſtilloit une
eſpece de Gomme odorifé-
rante. Cette double chaî-
ne

ne n'étoit pas droite, & faiſoit un grand coude qui nous
bornoit entierement la vûe;
mais quand nous fûmes au
bout nous découvrîmes tout
d'un coup un Lac dont l'eau
étoit verdâtre & preſque
chaude; il exhaloit ſur toute ſa ſurface une infinité
de petites vapeurs noires;
nous crûmes & avec raiſon,
que cette chaleur & ces
vapeurs procedoient de ma-
tieres ſulphurées & bitumi-
neuſes, qui devoient être
dans le fonds; il n'y avoit
pas la moindre petite herbe
ſur ſes bords. Aprés les
avoir

avoir côtoyez quelque tems, nous entendîmes un certain bruit & murmure qui s'augmentoit à mesure que nous avancions, & enfin nous remarquâmes que l'extrêmité du Lac étoit toute bordée de petites Roches ; entre lesquelles l'eau s'écoulant dans un bas, causoit le bruit que nous entendions. Nous doublâmes donc le pas, & fûmes bien surpris de voir cinq belles Cascades, dont celle du milieu étoit la plus grande ; elle formoit trois grandes nappes d'eau, qui tomboient les unes sur les au-

autres, ſur trois degrez en
diſtances à peu prés égales,
& l'eau de toutes ces Caſcades ſe réuniſſant un peu
plus bas, tomboit ſur un
grand Rocher preſque plat,
& de là ſe précipitant, s'alloit perdre entre des Ro-
chers qui étoient au deſſous.
Il faloit de neceſſité que puis
que ce Lac reſtoit toûjours
également plein, quoique ſes
eaux s'écoulaſſent inceſſam-
ment de ce côté-là avec tant
d'abondance, il y eût des
canaux ſous-terrains qui lui
en fourniſſent toûjours de
nouvelles. Comme nous rai-
ſon-

fonnions là deſſus, il parut
tout d'un coup ſur une grande coline qui étoit vis à vis
de nous, une grande troupe
de gros & puiſſans Ours
blancs comme neige. Nous
remarquâmes qu'il y en a-
voit deux ou trois qui étoient
tachetez de noir par tout le
corps ; un d'entre eux deſ-
cendit la Coline, & ayant
paſſé un petit Ruiſſeau qui
étoit au bas, il ſe gliſſa
entre deux rochers. A peine
y fut-il, qu'il ſe mit à faire
un certain cri, comme s'il
eût appellé les autres, &
effectivement ils ſe mirent
tous

tous à le suivre, en se pres-
sant & se précipitant. Nous
ne les eûmes pas plûtôt perdus de vûë, que nous vî-
mes partir du milieu de ces
mêmes roches plusieurs Oiseaux, qui furent bien-tôt
suivis d'un plus grand nombre, qui prirent tous leur vol
vers de hautes montagnes
couvertes de neige, qui é-
toient sur notre droite ; ces
oiseaux avoient aparemment
leurs nids dans les fentes &
les crevasses qu'on y voyoit,
mais elles étoient dans des
lieux si escarpez & si hauts,
qu'il étoit impossible d'y
par-

parvenir : En nous éloi-
gnant de ces cinq admira-
bles Cascades, nous descen-
dîmes avec beaucoup de
difficulté par une montagne
dont la pente étoit trés roide, dans une Plaine longue
& étroite, percée presque
par tout de petits trous qui
alloient en tournant affez
profondement en terre ; il
falloit qu'il y eût dans ce
lieu une infinité d'animaux
d'une efpece, qui fans doute
nous étoit inconnue, mais
nous n'en vîmes pas paroître un feul ; en marchant entre ces trous , on entendoit
un

un certain son , comme s'il
y eût eu deſſous des caves
ou des voûtes. Etant au
bout de cette Plaine, nous
entrâmes comme dans un
grand Carrefour , où il y
avoit cinq routes différentes
diſpoſées en étoile. Nous
balançâmes quelque temps
ſur le choix de celle que
nous devions prendre. Il y
en avoit une entre des montagnes d'une hauteur ſi pro-
digieuſe, qu'on en étoit preſque épouvanté ; on y entroit
par deſſous un large & haut
portail, dont la ſtructure
n'étoit qu'une grande piéce
de

de Roche, qui s'étant déta-
chée par en haut d'un des
côtez, étoit tombée en travers sur l'autre, & y étoit
demeurée suspendue, peut-
être depuis un trés long-
tems. Cette route étoit fort
sablonneuse, on y enfon-
çoit jusqu'au dessus de la che-
ville du pied. Nous en enfilâmes une autre beaucoup
plus commode, les monta-
gnes qui la bordoient étoient
une Roche presque noire
avec de grandes veines blanches & luisantes, à peu prés
comme de l'alun ; nous y
trouvâmes par tout une trés

F   grande

grande quantité d'une espece de Lézards ; ils étoient
si familiers qu'ils nous paf-
soient à tous momens entre
les jambes & sur les pieds :
ils avoient la tête parfaite-
ment noire, le corps rou-
geâtre, & la queuë extra-
ordinairement longue. Plus
nous avancions dans ce chemin, & plus il s'élargissoit :
il nous conduisit enfin dans
une trés belle & trés spacieuse Valée, où nous res-
pirâmes un air de Printems ;
elle étoit toute couverte
d'une plante assez semblable
à celle de la violette : on

voyoit

voyoit sur la plûpart, au milieu de la tige, une fleur blanche de la grandeur d'un Ducaton : cette fleur avoit huit feuilles toutes dentelées, les quatre plus grandes dessous, & les quatre plus petites dessus : le milieu étoit garni de petits grains fort rouges : cette fleur ne ressembloit pas mal à une Rose simple, & avoit une odeur fort douce : l'émail de ces fleurs avec le verd de leurs tiges faisoient ensemble un effet charmant dans toute l'étenduë de cette Valée : un petit Ruisseau

d'une

d'une eau très claire serpentoit vers le milieu : nous
apperçûmes à l'extrêmité
d'un enfoncement quelque
chofe de blanc à travers de
grandes herbes ; nous en
étant aprochez nous y vîmes
avec la derniere fu. prife,
un petit Edifice * d'une fin-
guliere ftructure ; il étoit
tout de pierre blanche, fa
partie fuperieure étoit une
grande pierre plate de figure triangulaire, pofée fur
fix colonnes hautes d'environ trois pieds, fur une
bafe en ovale qui s'élevoit
de

* Voyez la figure D.

de terre à la hauteur de
quatre ou cinq pouces, fur
la pierre à trois angles on
voyoit une Infcription de
caractéres bizares, qui n'é-
toient connus d'aucun de
nôtre troupe, & en bas fur
la circonférence de la baze
paroiffoient encore d'ef-
pace en efpace les mêmes
caractéres, mais prefque
effacez ; ce Monument fit
naître entre nous une in-
finité de raifonnemens, car
nous voyions trés-bien que
ce n'étoit pas là un Ouvrage
du hazard, mais j'en laiffe
la décifion à de plus habi-
les

les gens que moi. Etant for-
tis de ce lieu nous marchâmes droit au Ruiſſeau dont
je viens de parler, & nous
le ſuivîmes en remontant
vers ſa ſource : il ſortoit
d'une trés belle Fontaine qui
étoit dans une Grote creu-
ſée par la nature dans une
des montagnes de la Val-
lée. J'y entrai d'abord, elle
étoit revétue d'une trés belle mouſſe verte depuis le
haut juſqu'en bas, & dans
le fonds, à la hauteur d'un
homme, on y voyoit trois
conduits ſur une même li-
gne, & à diſtances égales:
l'eau

l'eau en coulant hors de ces
conduits faisoit un agréable
petit murmure qui appro-
choit du gazoüillement des
oiseaux, & tomboit dans
une espece de Bassin, qui
en étant fort rempli, elle
s'épanchoit par dessus tous
ses bords, & se réunissant
par devant dans une gran-
de crevasse qui étoit dans
un Rocher immédiatement
au dessous, elle s'écouloit
en bas ; ce Bassin étoit profond environ d'un pied : il
y avoit au fonds plusieurs
petites pierres rouges & pla-
tes de différentes figures,

fa-

ſavoir de quarrées, de rondes, de triangulaires, & en
forme de cœur, voulant
en prendre quelques unes,
je pûs à peine ſouffrir la
froideur exceſſive de l'eau,
tout joignaut la Fontaine &
au dedans de la Grote, il
y avoit un trou rond & fort
profond, large d'un bon
empan, qui exhaloit une vapeur ſi chaude, que je me
penſai brûler le viſage,
m'étant par hazard placé
tout vis à vis, ce ne fut pas
ſans un extrême étonnement
que je vis ſortir preſque
d'un même endroit le froid

&

& le chaud tout enfemble. Il y avoit dans plufieurs endroits de cette Va-
lée, divers arbuftes très-
beaux & trés finguliers, &
un entr'autres dont j'ai donné la figure à la lettre E.
Il jette fes feüilles à trois
étages affez diftans l'un de
l'autre : elles font toutes
couvertes d'une efpece de
duvet, qui les rend au toucher douces comme du ve-
lours, & bordées tout au-
tour du plus beau jaune du
monde. Au deffus des feuilles, & précifément à l'endroit où elles font attachées

G   au

au tronc, on voit sortir de
chacune au bout d'une fort
longue queue, de petites
graines rouges de la groffeur des pois qui forment un
cercle parfait ; & à la cime ils portent un bouquet
de ces mêmes graines, fort
preffé & ferré, qui a prefque
la figure d'une petite Pom-
me de Pin.

CHA-

CHAPITRE V.

*De quelques Poiſſons monſ-
trueux qu'on voit dans ces
Mers : accident tragique &
lamentable arrivé à deux
Matelots de l'équipage ; des
ſept Iſles inacceſſibles, & de
ce que l'Auteur y vit avec
de grandes Lunettes d'ap-
proche.*

NOus ne vîmes rien di-
gne de remarque dans
la route que nous prîmes
pour revenir à bord : nous
trou-

trouvâmes entre les Rochers
une grande quantité d'oi-
ſeaux, qui ſe laiſſoient preſque prendre à la main, dont
nous emportâmes autant
qu'il nous fut poſſible. Comme la Côte où nous étions
à l'ancre étoit fort expoſée
à de grandes tempêtes & à
des Vents trés impétueux,
nous craignîmes qu'en y
reſtant plus long-tems, nous
ne fuſſions à quelque heure
briſez contre les Rochers :
Nous réſolûmes, animez du
déſir de faire quelque dé-
couverte, d'en partir au plûtôt ; nous fimes une grande
pro-

provifion des racines dont j'ai déja parlé, y en ayant dans cet endroit une pro-digieufe quantité, & ayant levé l'ancre, avec un petit Vent Sud-Eft, nous portâ-mes vers l'Oüeft, parce que lorfque l'air étoit clair & ferain, nous avions toûjours cru voir quelques terres de ce côté-là. Aprés avoir na-vigué affez heureufement prés de vingt-quatre heu-res, nous nous trouvâmes entre plufieurs Ecueils trés-dangereux ; c'étoit plufieurs Rochers à fleur d'eau, mais comme le Vent étoit pref-

que

que tombé , & que nous voguions fort lentement , nous
les évitâmes ſans beaucoup
de difficulté. Il y avoit une
Roche qui s'élevoit au deſſus de l'eau à la hauteur d'environ quatre pieds , ſur la
pointe de laquelle nous vîmes un gros Oiſeau à plumage noir aſſez ſemblable à une
Cigogne ; il s'y tenoit per-
ché droit ſur une jambe ,
faiſant la rcuë de ſa queuë
comme un Paon ; il y pa-
roiſſoit immobile comme
une ſtatue ſur ſon piédeſtal:
nous lui tirâmes pluſieurs
coups ſans le toucher, qui ne
lui

lui firent pas faire le moindre mouvement. Il falloit
que cet Oiseau eût été porté
là par les glaces, & qu'il en
attendît quelques autres au
paſſage pour s'en retourner.
Quelque tems aprés le Vent
étant tombé tout à fait,
nous nous vîmes environ-
nez d'un brouillard ſi épais
qu'il faiſoit tout à fait nuit,
ce qui nous obligea de jetter l'ancre ; ce brouillard
étoit preſque chaud. J'avois
autrefois toûjours crû que
ces Climats étoient inhabi-
tables à cauſe de la grande
rigueur du-froid, mais quoi

qu'il

qu'il s'y faſſe ſentir exceſſi-
vement, il y a de ſi fréquens
intervales où l'air ſe radoucit, qu'il eſt par tout fort
ſupportable. Nous reſtâmes
dans l'obſcurité plus de douze heures, aprés quoy le
temps s'éclaircit. Le même
Vent ſe remit à ſouffler, &
nous portâmes vers l'Oüeſt
comme auparavant : nous
trouvâmes que nous étions
alors à ſoixante & ſept degrez ſix minutes de Latitude méridionale. Il y avoit
à cette hauteur un grand
nombre de gros Poiſſons
volans à quatre aîles ; les
deux

deux qui étoient vers la tête
étoient trés grandes & femblables à des aîles de chau-
ves-fouris ; & les deux qui
étoient vers la queue paroiffoient deux fois plus petites.
Trois de ces Poiffons vinrent
autour de notre Vaiffeau
en voltigeant & plongeant
fans ceffe : Ils excédoient
de beaucoup la groffeur &
la longueur des plus puiffans
Bœufs , & nonobftant ils
s'élevoient fort haut & ref-
toient fouvent en l'air une
groffe minute avant que de
plonger. Ils font très goulus
& voraces ; en volant ils
ont

ont toûjours une grande
gueule ouverte, où l'on voit
deux rangs de dents courtes,
mais fort aigues : deux de
nos Matelots étoient aſſis
l'un prés de l'autre ſur le
Pont dú côté de la Poupe,
quand un de ces trois Mon-
ſtres, s'élançant tout d'uń
coup fort haut, les ſaiſit
tous deux par derriere, &
les fit culbuter dans la Mer ;
celui qui tomba le premier
en fut d'abord mis en pieces
& devoré ; & le ſecond qui
nâgeoit autour du Navire,
& auquel nous étions ſur le
point de jetter une corde,
pour

pour le tirer à nous , fut
aſſailli par les deux autres :
l'un le prit par la tête , &
l'autre par les pieds, & tirant
chacun de ſon côté avec une
extrême furie , ils ſéparé-
rent bien-tôt ce miſerable
corps , dont les boyaux &
le ſang faiſoient une longue
traînée dans la Mer. Cette
tragique Avanture nous cau-
ſa à tous une affliction trés-
ſenſible , d'autant plus que
ces hommes étoient deux
de nos meilleurs Matelots.
Aprés que ces cruels Ani-
maux nous eurent encore ſuivis une bonne demie heure ,
nous

nous les perdîmes tout à fait
de vûë. Peu de tems aprés
nous eûmes une trés-grande
tempête qui nous tint alerte
plus de ſix heures. Cependant en portant toûjours
vers l'Oüeſt, nous vinmes à
découvrir quatre Iſles, &
peu aprés trois autres ; elles
étoient toutes ſept ſur la
même ligne, & fort peu
diſtantes l'une de l'autre :
Nous formâmes d'abord le
deſſein d'y prendre terre,
mais il nous fut impoſſible
d'executer notre projet, car
nous trouvâmes en nous en
approchant, qu'aux environs
de

de toutes ces Isles la Mer
fourmilloit de Bancs de sable & de Rochers fort prés
les uns des autres, & étoit
remplie de courans qui se
croisans de tous côtez, rendoient cette Mer la plus dan-
gereuse, au jugement de notre Pilote, qu'il eût jamais
vûe. Nous jettâmes l'ancre à
la pointe d'un grand Banc de
sable qui étoit vis à vis de
nous, afin d'avoir le tems
de consulter ensemble quelle route nous prendrions :
Cependant, nous considé-
rions exactement ces isles,
elles étoient pleines de petits

tits monticules qui paroiffoient dans le lointain d'un
rouge de vermillon, & quelques-uns brilloient comme
des rubis. Nous en attribuâ-
mes la caufe à un air fort
enflammé qui étoit alors
dans tous les environs. Nous
vîmes dans la cinquiéme
Ifle qui étoit la plus grande
du côté de l'Eft, une Roche
de figure ronde qui s'élevoit
fort haut en droite ligne,
& qui étant d'égale groffeur
en haut & en bas, reffem-
bloit à une belle grande colonne, & un peu plus avant
il y avoit de groffes & hau-

tes

tes Roches fort ferrées &
proches l'une de l'autre,
qui reprefentoient parfaite-
ment les mafures d'un grand
& magnifique Château, à
l'une des extrêmitez duquel
on voyoit comme une gran-
de Tour ronde, d'où fortoit
une groffe & noire vapeur
qui s'élevoit fi haut & avec
tant de rapidité dans les
airs, qu'elle fembloit s'unir
avec les nues, & ne former
qu'un même corps avec el-
les. Je pris alors mes grandes Lunettes d'approche, &
je découvris dans cette épaiffe fumée, de groffes étin-
celles

celles femblables à des étoiles qui étoient dans un perpetuel mouvement. Quel-
ques inftans aprés, je vis
fortir de cette Roche de gros
torrens de flammes qui comme un . Vent impétueux fe
répandans au long & au
large, nous caufa une épou-
vante générale. Je ne croy
pas que le Mont Etna en
Sicile, ni le Mont Vefuve en
Italie, en ayent jamais vomi
de fi terribles. Ces épouvan-
tables flammes ayant duré
environ trois minutes, s'éva-
nouirent & ne laifferent a-
prés e'les que quelques étin-
celles

celles & une legére fumée :
nous n'avions pas encore
refté là vingt-quatre heures,
que nous nous aperçûmes
que la Mer qui environnoit
ces Ifles, étoit toute prife.
Quoique dans l'endroit où
nous étions, nous ne fentif-
fions pas le moindre froid,
nous réfolûmes de repren-
dre le large, & de côtoyer
de loin les dangereux écueils
que nous avions devant nous
jufqu'à ce que nous puf-
fions feurement continuer
nôtre route vers l'Oüeft.
Nous en vinmes heureufe-
ment à bout avec un Vent

H   fa-

favorable, & nous entrâmes
enfin dans une pleine Mer,
où nous commençâmes de
voir floter de grandes piéces
de glace.

CHAP.

CHAPITRE VI.

Du grand Promontoire ou Cap qui est toûjours couvert de nuages ; du miraculeux Jet d'eau qu'on y voit ; de la grande & profonde Caverne sur laquelle passe un gros & large Torrent. Combat extraordinaire entre deux Ours blancs & trois Veaux marins.

DAns moins de deux heures la Mer fut toute couverte de glaces, &

H 2   nous

nous fimes une continuelle
manœuvre pour les éviter
autant qu'il nous étoit poſſible ; il y en avoit une qui
étoit éloignée de nous d'environ cinq ou ſix portées
de mouſquet, d'une gran-
deur ſi énorme, qu'elle paroiſſoit une petite Iſle, &
venant à ſe rompre en piéces, elle fit plus de bruit
en s'éclatant qu'une batterie
de pluſieurs canons qui auroient fait feu tout à la fois ;
mais ces glaces diminuant
inſenſiblement de nombre,
nous nous en trouvâmes
heureuſement tout à fait
dé-

dégagez ; mais peu de tems
aprés nous fûmes furpris
d'un calme qui dura quinze
heures ; toute la furface de
la Mer étoit plus unie qu'u-
ne glace de miroir. A une
bonne lieue de l'endroit où
nous fûmes contraints de
refter pour attendre le Vent,
il y avoit une groffe Roche
à trois pointes que nous allâmes reconnoître avec la
chaloupe ; elle étoit entou-
rée d'un petit terrain , large
de dix ou douze pieds , tout
bordé le long de l'eau de
grandes herbes fort larges ,
& couvert jufqu'au pied de

la

la montagne de coquillages,
entre leſquels nous trouvâmes une grande quantité de
petites huitres, dont les é-
cailles étoient fort noires.
Nous en ouvrîmes quelques-
unes qui étoient d'un goût
excellent, ce qui fut cauſe que nous en emportâ-
mes à bord autant qu'il nous
fut poſſible. Nous eûmes la
curioſité de grimper au haut
de cette Roche ; ſa cime
étoit une eſpece de plate-
forme entre trois pointes,
ſur laquelle nous vîmes
pluſieurs plumes d'oiſeau
éparſes çà & là. Nous dé-
cou-

couvrîmes dans des trous
quelques nids qui n'étoient
qu'un entrelaffement de
mouffe, d'herbes & de plumes ; il n'y avoit en tout
que deux œufs auffi blancs,
mais confidérablement plus
gros que des œufs de poule ;
le blanc en étoit d'un verd
pâle, & le jaune d'un rouge
noir : fans une certaine ac-
creur qu'ils laiffoient dans la
gorge, ils auroient été affez
bons à manger ; il n'y avoit
pas long-temps que nous
étions rentrez dans le Vaiffeau, qu'un petit vent commença à s'élever : nous nous
en

en prévalûmes d'abord, mais
dans peu d'heures il se renforça de telle sorte, que nous
craignîmes d'avoir une rude
tempête ; c'étoit le même
Vent que nous avions eu auparavant ; nous en fûmes
pourtant quites pour la peur ;
Nous voguions pour lors
avec tant de rapidité, que
nous faisions beaucoup de
chemin dans une heure.
En jettant la vûe sur le bord
de l'horison, nous vîmes du
côté de l'Oüest comme un
grand & gros nuage qui
sembloit toucher la Mer,
mais nous en approchant
toû-

toûjours, nous découvrîmes
un Cap, dont les terres
étoient fort hautes, au deffus duquel il y avoit d'épais
nuages à perte de vûë. Comme nous avions deffein,
avant de retourner dans le
vieux monde, de faire en-
core quelques nouvelles découvertes, nous allâmes
jetter l'Ancre dans l'en-
droit le plus commode, pour
aller à terre ; c'étoit une
douce pente par laquelle
nous montânes aifément:
étant parvenus en haut, nous
trouvâmes une grande quantité de cailloux & de petites

pierres, tout le terrain étoît
fablonneux & pierreux, &
nous ne pouvions pas éten-
dre notre vûe fort loin, parce qu'à cette extrêmité du
Cap le Païs alloit infenfible-
ment en montant. Quand
nous fûmes arrivez à la plus
grande hauteur, nous dé-
couvrîmes de grandes Plaines à perte de vûe coupées
de plufieurs petits Lacs, &
bornées dans le lointain de
grandes & hautes monta-
gnes couvertes de neige &
fort tranfparentes, affez près
de nous ; & tout vis à vis il
y avoit deux petites colines
der-

derriere lesquelles on apper-
cevoit bondir rapidement
dans les airs, un gros Jet
d'eau, semblable à une belle & grande colonne, qui se
couronnant d'une grosse écume, retomboit autour d'el-
le-même par une infinité de
petits Ruisseaux, qui se ré-
duisans bien-tôt comme dans
une grosse poussiere d'eau,
retomboient en bas : du lieu
où nous étions, nous ne pouvions voir d'où il sortoit ;
c'est pourquoy précipitans
nos pas, nous nous avan-
çâmes au-delà des colines,
& trois Jets d'eau se présen-

térent à notre vue, qui ſor-
toient de trois petites Roches, diſpoſées en triangle
au milieu d'un gros amas de
rocaille & de cailloux : Le
plus grand qui étoit celui
que nous avions aperçû
d'abord, s'élevoit dans les
airs environ à la hauteur de
deux cens cinquante pieds,
mais les deux petits en paſ-
ſoient à peine ſept à huit :
leurs eaux en retombant en
terre formoient une petite
Riviere, qui aprés avoir ſer-
penté neuf cens ou mille
pas, s'alloit jetter dans un
des Lacs dont je viens de
parler :

parler : l'eau en étoit trés-
claire & trés-bonne à boire ;
l'air étoit fort temperé, &
il faut de necessité que l'extrême froid se fasse sentir encore plus tard dans ces Con-
trées. On doit remarquer
que ces Lacs se communi-
quant tous par des Ruisseaux
qui coulent des uns dans les
autres, nous ne pouvions
par conséquent avancer dans
le Païs qu'en faisant de longs
détours : c'est pourquoy
nous les laissâmes sur la
gauche & prîmes un peu sur
la droite ; tout y étoit jusques là si sec & si aride, qu'il

I 3   n'y

n'y croiſſoit pas la moindre herbe ni le plus petit arbuſte. Un grand Vent de terre commença pour lors à ſouffler avec une telle véhémence & faiſoit élever tant de ſable & de pouſſiére, que nous étions contraints de nous arrêter de tems en tems, & de fermer les yeux de peur d'être aveuglez : mais heureuſement cela paſſa bien tôt, & nous entrâmes dans un fonds, dont le terrain étoit fort noir & couvert par tout d'une petite plante longue & mince, avec des nœuds comme des

can-

cannes ; elle croiſſoit en ram-
pant fort loin ſur la terre,
& jettoit d'eſpace en eſpace
un petit bouquet de grai-
nes d'un trés-beau jaune :
cette Plante étoit fort jolie.
Aprés y avoir marché cinq
ou ſix cens pas, nous entendîmes un bruit comme celui
d'une grande chûte d'eau,
& de fait nous vîmes bien-
tôt après un gros torrent,
qui ſortant d'entre deux Rochers trés hauts ſe précipitoit
en bas à la hauteur de plus
de trois cens pieds, & formoit
enſuite une petite Riviere,
qui roulant ſes eaux avec

une

une extrême rapidité, en-
traînoit avec elle une trés-
grande quantité de pierres
& de cailloux. Comme nous
conſiderions de quelle maniere nous la pourrions paſſer, nous aperçûmes à côté
d'une petite hauteur une deſcente au bas de laquelle il
y avoit une eſpece de Buiſ-
ſon ; c'étoit de petits arbuſtes fort ferrez qui étoient ar-
mez d'épines avec de petites
feuilles trés-rouges ; ils nous
cachoient en partie l'entrée
d'une Caverne ; nous balançâmes quelque tems, n'oſant
pas d'abord nous hazarder

dans

dans un lieu qui pouvoit
nous être fatal, mais les deux
plus hardis des nôtres y étant
entrez , nous suivîmes tous,
& aprés avoir marché quelque tems dans l'obscurité ,
nous découvrîmes tout d'un
coup un trés-grand & trés-
spacieux sous terrain , divisé
en diverses grandes Voûtes
de differentes hauteurs , toutes taillées par la Nature
dans le Roc : il y en avoit
quelques-unes plus hautes
& plus vastes que celles des
plus grandes Eglises ; de
grosses Roches disposées à
distances inégales soûte-
noient

noient ces lourdes & énormes maſſes de pierre ; la
lumiere y entroit par en
haut au travers d'un grand
nombre d'ouvertures, dont
les unes étoient en long
comme des fentes ou gran-
des crevaſſes , & les autres
preſque rondes ou quarrées,
d'où pendoient des herbes
à longue tige , dont les
feuilles étoient grandes comme celles de figuier : Il y
a apparence que l'air chaud
qu'on reſpiroit dans cette
Caverne, contribuoit beaucoup à les faire croître ; la
plus grande & la plus haute
de

de toutes ces Voûtes étoit
depuis le haut jusques au
bas toute marquetée de noir
& de blanc ; les marques
noires étoient beaucoup
plus grandes que les blanches, mais les blanches brilloient comme du criſtal ; &
comme elle avoit en haut
vers le milieu, une fort
grande ouverture ronde, cela faiſoit un charmant effet : Le terrain étoit uni
preſque par tout, excepté
vers une des extrêmitez, où
il ſe hauſſoit inſenſiblement.
Nous y vîmes un nombre innombrable d'Oiſeaux blancs

com-

comme des Cignes, & pas
plus grands que des Moi-
neaux. Ils penſoient ſi peu
à s'envoler ou à s'enfuir,
qu'ils ſe laiſſoient preſque
marcher ſur le corps ; nous
en prîmes tant que nous voulûmes , ce n'étoit qu'un petit peloton de graiſſe trés-
délicat à manger : Quand
nous fûmes au bout, nous y
trouvâmes une iſſue qui con-
duiſoit dans la campagne ,
& au bas, dans un coin fort
obſcur , nous vîmes un grand
trou rond , à peu prés comme un Puits ; nous y jettâmes
pluſieurs pierres fort groſſes ,

fes, qui aprés être tombées
ne faifoient aucun bruit,
ce qui nous furprit ; & quelques inftans aprés , il en
fortit tout d'un coup un fort
gros oifeau tout noir , qui en
étendant fes aîles nous épou-
vanta par leur grandeur ;
en fortant de la Caverne il
jetta trois grands vilains cris
dont toutes les voûtes reten-
tirent : il portoit au bec
quelque chofe d'affez gros
& long , mais il ne nous
donna pas le tems de dif-
cerner ce que ce pouvoit
être. Il faloit que ce Puits
fût d'une prodigieufe pro-
fon-

fondeur, & qu'il y eût quelques trous ou enfoncemens
où cet oiseau avoit peut-être
son nid, ou qu'il y trouvât
quelque chose pour sa subsistance. Nous sortîmes bientôt après lui, mais nous
eûmes beaucoup de peine à
monter, à cause que la pente étoit fort rude & pleine
de fort gros cailloux & de
pierres pointues: quand nous
fûmes en haut, nous connûmes que nous étions au-delà
du Torrent, parce qu'il passoit par dessus la Caverne &
justement au milieu. Nous
n'étions pas à un quart de
lieuë

lieue de la caverne, que nous
vîmes sortir deux Ours
blancs d'entre deux belles
colines vertes comme un Pré
par en bas, dont le sommet
étoit tout couvert de cette
espece d'épine dont j'ai parlé, qui avoit de petites feuilles si rouges. Ils entrerent
dans un chemin creux plein
de sable, le long d'un côteau
qui conduisoit droit à la
Mer ; ils fouilloient à tous
momens la terre avec leur
museau, aparemment pour
chercher quelques racines.
Nous les suivîmes de loin,
ayant toûjours en cas de
né-

neceſſité nos armes prêtes,
quoique pourtant nous euſ-
ſions remarqué pluſieurs fois
qu'ils n'attaquoient pas les
hommes. Nous fûmes bien-
tôt en vûë de la Mer ; la
Côte en cet endroit for-
moit un petit Golfe, & le
rivage paroiſſoit tout couvert
de coquillage. Nous aper-
çûmes le long de l'eau trois
Veaux marins endormis ſur
le ſable, l'un deſquels étoit
couché moitié dans l'eau &
moitié ſur terre ; cependant
les Ours qui avoient pris
un petit détour, arrivèrent
inſenſiblement dans cet endroit,

droit, & fouillant toujours
de leur museau entre les co-
quilles, il ne sembloit pas
qu'ils regardassent devant
eux ; mais le plus gros se
voyant tout d'un coup au-
prés d'un de ces veaux marins, il l'assaillit par le
haut du col, & du premier
coup de dent lui fit ruisse-
ler le sang jusqu'à terre :
Cet animal, s'éveillant en
sursaut, se donna de si vio-
lentes secousses qu'il se dé-
gagea, & perça avec les
grands crocs qu'il avoit à
la machoire inferieure, le
ventre de l'Ours, qui tout

fu-

furieux, le mordit & le déchira cruellement par tout où il le put attraper. Les deux autres étant venus à ſon ſecours, le combat devint general entre ces cinq animaux ; mais le premier des Veaux marins perdoit tant de ſang, qu'il ſe ſauva dans la Mer, & les autres l'ayant d'abord ſuivi, ils laiſſerent par leur fuite aux deux Ours le champ de bataille & tout l'honneur de la victoire. Il y avoit dans ces quartiers un grand nombre de ces Veaux marins ; j'en ai vû qui avoient plus de huit

huit pieds de long & qui
étoient gros à proportion; ils
font amphibies, & marque-
tez comme des Tigres, de
noir & de blanc, de jaune,
de gris & de rouge ; leur
peau eſt couverte d'un poil
ras, ils ont la tête fort groſſe, & quatre pieds avec cinq
griffes non diviſées, comme
des pates d'Oye, & jointes
par une peau noire ; leur
queue eſt fort courte, ils ſe
plaiſent fort à ſe tenir cou-
chez ſur le ſable le long de
la Mer. Nous laiſſâmes encore là nos deux Ours fouil-
lans entre les coquillages,

& nous ſuivîmes le rivage,
en tournant du côté où nous
avions laiſſé notre Vaiſſeau.
Lorſque nous mîmes le
pied ſur cette hauteur qui
formoit la petite pointe du
Cap, je fus dans la derniére
ſurpriſe d'en voir le terrain
tout moüillé, & celui que
nous quittions tout à fait
ſec, le gros nuage qui le
couvroit & qui le couvrit
toûjours pendant que nous
y reſtâmes, diſtilloit de
tems à autre une groſſe ro-
ſée ſemblable à une petite
pluye trés-menuë, pendant
que dans tous les environs
l'air

l'air étoit trés-clair & trés-
ferain, je n'ai jamais pû comprendre quelle en pouvoit
être la caufe, il falloit que
dans ces terres il y eût une
vertu occulte & attractive
qui retînt toujours au deffus
d'elles, même malgré les
plus grands Vents, cette groffe exhalaifon.

CHAPITRE VII.

Du détroit des Ours. De la merveilleuse Arcade de Roche, ou du Pont naturel. Du précipice épouventable qu'on voit entre de hautes montagnes voisines du détroit des Ours. Des bruits soû-terrains semblables au tonnerre, accompagnez d'éclairs qu'on entend dans une grosse Roche fort avant dans la Mer.

APrès avoir visité une partie du Cap, nous vou-

voulûmes pénétrer dans le
Continent, mais nous ne
jugeâmes pas à propos de
nous hazarder si long-tems
entre des montagnes, dans
un Pays inconnu, qui n'a-
voit pour habitans que
des bêtes sauvages & quelques oiseaux ; c'est pour-
quoi nous résolûmes d'y aller par Mer : pour cet effet,
nous nous rembarquâmes,
& avec un petit Vent d'Est
nous côtoyâmes le Cap du
côté de l'Ouest, & nous fûmes au bout de cinq ou six
heures environnez de tant de
pieces de glaces, que nous
crai-

craignîmes d'être contraints
de rejetter l'ancre, mais le
Vent s'étant renforcé du
double, il les chaſſa vers
l'Oüeſt, & nous pourſuivî-
mes notre route ; cependant
nous fûmes obligez de por-
ter plus vers la droite, à cauſe d'un grand nombre d'é-
cueils & de bancs de ſable
qui ſont le long du Cap.
Nous voguâmes aſſez heu-
reuſement pendant quaran-
te-huit heures, aprés quoy
nous commençâmes à dé-
couvrir un grand Golfe qui
entroit dans les terres, par
un détroit qui n'avoit qu'un
grand

grand quart de lieue de large ; je le nommai le détroit
des Ours, à caufe que nous
y en vîmes une trés-grande
quantité. Il arriva dans ce
moment une chofe qui nous
frapa par fa fingularité ; il
faut favoir, que dans ce détroit il y a un courant qui
va d'un rivage à l'autre :
vingt à vingt-cinq de ces
Ours fe tenoient fur le bord
de l'eau & fembloient attendre au Paffage un grand
quartier de glace, qu'on
voyoit s'aprocher de loin,
& le hazard ayant voulu
qu'en flottant il s'aprochât

L   d'eux,

d'eux, ils ſauterent tous deſſus avec une vîteſſe incroyable, & le courant les ayant portez de l'autre côté, ils reſſauterent d'abord à terre avec la même agilité. Cette maniere de paſſer l'eau, démontroit clairement dans ces animaux beaucoup d'intelligence & de raiſonnement, malgré l'opinion de certains Philoſophes. Nous entrâmes aſſez avant dans le Golfe, & ancrâmes, malgré la preſence des Ours, dans un lieu où il y avoit quatre grandes piles de glaces, que les flots

de

de la Mer avoient pouffé
contre la Côte, & entaffées
les unes fur les autres. Tout
ce que nous vîmes autour
de nous, étoit couvert de
neige. Environ à une lieue
de là il y avoit une chaîne
de montagnes fort ferrées,
qui renfermoient dans une
ronde enceinte un petit Lac :
A fon côté Oriental, par
fucceffion de tems plufieurs
pieces de Roche s'étant dé-
tachées par en bas, avoient
laiffé une grande ouverture
tout au travers en forme d'arcade, par laquelle les eaux
du Lac s'écouloient dans la

cam-

Campagne voiſine ; de ſorte que de loin on croyoit
voir un Pont d'une ſeule arcade, & d'autant plus que
la Roche qui étoit reſtée au
deſſus, étoit aſſez plate &
unie ; j'ai eu la curioſité d'y
monter, & pour en faire
un veritable Pont rien n'y
manquoit que les garde-
foux ; il faiſoit alors un froid
exceſſif accompagné de tems
en tems d'une neige menue
comme pouſſiere, & par
conſequent l'air étoit fort
ſombre & obſcur ; mais enſuite il devint trés-clair &
trés ſerain, une belle exha-
laiſon

faifon lumineufe s'éleva du
côté du Sud , femblable à
une brillante aurore , & le
froid diminua de telle maniere que la neige en fon-
dant diftilloit des montagnes en bas. On voyoit
dans cet endroit une fort
jolie Riviere bordée des
deux côtez de petits ro-
feaux femblables à du jonc,
qui aprés avoir fait en fer-
pentant plufieurs tours &
détours dans la Campagne,
s'alloit jetter dans le Golfe
un peu au deffus de nous ,
ayant monté vers fa fource,
nous aperçûmes qu'elle tom-

boit du haut d'une groſſe
montagne fort large & plate par en haut : comme la
pente en étoit aiſée , j'y
montai bien-tôt , & je vis
ſur ſon ſommet un petit
Lac , doù la Riviere ſor-
toit ; ce Lac pouvoit avoir
environ cent pas de diamê-
tre ; ſa partie Orientale
étoit couverte d'une glace
mince , & pour ſa petiteſſe
il paroiſſoit extrêmement
profond , ſon eau étoit douce & fort claire ; tout cela
auroit été une ample ma-
tiere de conſiderations &
de raiſonnemens pour des
                              per-

perſonnes verſées dans la
ſcience des choſes naturel-
les : cette montagne fer-
moit un vallon fort étroit &
ſerré entre deux rangs de
colines, qui étoit couvert
juſqu'au fonds de petite herbe menue ; il aboutiſſoit à
une eſpece de large & longue eſplanade de Roche vi-
ve, au bord de laquelle s'of-
froit d'abord à la vûë un
précipice effroyable ; ce n'é-
toit tout autour que de hautes & d'affreuſes Roches,
au bas deſquelles rouloient
avec impetuoſité dans des
trous & des crevaſſes, de

gros

gros torrens écumeux, qui
aprés s'être croiſez les uns
les autres, s'alloient préci-
piter tous enſemble, dans
un bas, dont l'immenſe
profondeur glaçoit d'effroi;
je puis dire que la ſeule
idée qui m'en reſte, me fait
encore fremir, & je ne
crois pas qu'il y ait dans
tout le reſte de·l'Univers
un ſemblable précipice:
Comme le Païs de ce côté-
là n'étoit que Rochers, autant que nous en pouvions
juger, nous tournâmes à la
droite, c'eſt à dire, vers
le Golfe ; ce n'étoit que
pier-

pierres & que fables entre-
coupez par tout d'une infinité de petits Ruiſſeaux,
trés-difficiles à paſſer ; mais
enfin, aprés beaucoup de
peines, nous parvînmes au
haut d'une large deſcente
fort plate & unie qui con-
duiſoit droit à la Mer : étans
tout au bas, nous nous aſſî-
mes pour nous repoſer ſur
de petites Roches le long
du rivage : on voyoit de là
à une demie portée de ca-
non avant dans la Mer, une
fort groſſe Montagne toute
de Roche, autour de la-
quelle étoit un brouillard
épais :

épais : à peine avions nous
resté là assis un quart d'heure, qu'un grand bruit comme d'un Vent sous-terrain
nous vint fraper les oreilles, & qui nous sembla partir de cette Montagne ; il
dura environ deux minutes,
& puis cessa tout d'un coup ;
mais un demi quart d'heure
aprés, la Montagne com-
mença à darder de tous côtez environ trois pieds au
dessus de l'eau, une infinité
de petits feux, qui aprés
avoir tournoyé avec impé-
tuosité dans les airs, s'éva-
nouissoient comme fait un
éclair,

éclair, & quelques inftans enfuite, un bruit furieux fe fit entendre à coups redou- blez comme de grands éclats de tonnerre : nous vîmes & entendîmes quatre fois fuc- ceffivement la même chofe dans l'efpace d'une groffe heure. Nous remarquâmes que la Montagne ne jettoit aucune fumée, ni par le fommet, ni par aucun autre endroit, & que le brouillard qui l'environnoit s'étant a- prés entierement diffipé, tout l'air des environs re- prit fa premiere ferenité.

CHA-

CHAPITRE VIII.

D'une belle & spacieuse Plaine fermée de trois grands Côteaux ; d'une Plante trés-belle & trés-singuliere ; de quelques mazures, des curieux restes d'une anciene Muraille, dans le voisinage de la Mer : d'un merveilleux Echo : de l'Oiseau couronné qui fait son nid sous terre.

COmme j'avois vû par le moyen de mes Lunettes d'approche, que de l'autre l'autre côté du Golfe le Païs étoit beaucoup moins montagneux & plus beau, j'engageai quelques-uns de mes Compagnons de voyage à y faire quelques courses avec moi, ce que nous executâmes bien-tôt après. Nous trouvâmes d'abord un terrain affez plat & uni, mais pierreux, & il me fembla qu'on en auroit pû tirer des pierres fort propres à bâtir ; j'y vis même de lieu en lieu de grands trous prefque comblez, qu'on auroit pû prendre pour des carrieres : nous avions pour lors

vis

vis à vis de nous un grand
Côteau qui nous bornoit la
vûe, je montai ſur une émi-
nence, pour voir ſi je pour-
rois découvrir ce qui étoit
au delà, & j'apperçûs trois
grands côteaux qui faiſoient
un angle irrégulier, & renfermoient une belle & ſpa-
cieuſe Plaine. Nous n'eûmes
pas beaucoup de peine à y
deſcendre, elle étoit ſi par-
faitement plate dans toute
ſon étendue, qu'on n'y pouvoit pas remarquer la moindre hauteur, ni le moindre
enfoncement ; l'herbe dont
elle étoit couverte, étoit
alors

alors toute humide, comme
si une abondante rosée étoit
tombée depuis peu dessus :
J'aperçûs le long des Cô-
teaux une infinité de longues rayes blanches, bril-
lantes comme du vif argent,
qui se croisoient de cent fa-
çons, de haut en bas & de
bas en haut ; je m'en apro-
chai, & je vis de tous côtez une espece de limaçons
quatre fois plus gros que
ceux de nos Climats, qui
portoient sur leur dos une
coquille d'un trés beau verd;
ils avoient le corps noir, la
queuë longue, & une peti-
te

te tête ſans cornes , ils laiſſoient en ſe gliſſant ſur la
terre une trace de groſſe
écume blanche qui faiſoit
ces longues rayes dont je
viens de parler. Ils ron-
geoient trés volontiers une
Plante qui croiſſoit dans
cette Plaine , & qui eſt ſi
belle & ſi ſinguliere qu'elle
mérite bien d'être décrite
ici. Elle s'éleve au deſſus
de terre à la hauteur d'environ une coudée , & jette
vingt-cinq ou trente feuilles
fort ſerrées par en bas , mais
qui s'élargiſſent conſidéra-
blement par en haut : ces
feuilles

feuilles font de la largeur
d'un empan avec des poin-
tes tout autour auffi dures
& aigues que des épines;
élles font d'un trés-beau
verd pâle, & pleines de
grandes veines du plus bel
aurore qu'on puiffe voir :
Nous en arrachâmes quel-
ques-unes, mais avec affez
de peine, à caufe des pointes dont elles font armées,
& nous fûmes furpris de
voir que leur racine avoit
la veritable figure d'un me-
lon, la peau d'un gris brun
divifée par côtes, & rude
au toucher comme du cha-

M   grin,

grin ; le dedans étoit une chair molle , blanchâtre, ſpongieuſe & d'une odeur deſagréable, ce qui nous empêcha d'en goûter ; mais s'il n'y a rien de bon à manger, on y trouve de quoi ſatisfaire la vûë : J'ai vû plus de cent de ces limaçons ronger une ſeule de ces Plantes. On en verra le deſſein tiré d'aprés nature à la figure F. Il y avoit à un coin de cette Plaine, c'eſt à dire, à l'Angle qui étoit du côté de la Mer, une ſortie par une voûte de pierre, mais ſi baſſe qu'il

ſe

se falloit presque mettre en double pour y passer ; on arrivoit par là dans un grand espace tout pavé de belles pierres brunes semblables â du grez & larges d'enviroh trois pieds. A quelques cent pas de là , on voyoit dans un lieu plein de sable & de gravier les restes d'une Tour, tout auprés de laquelle paroissoit comme enfoncée dans la terre , une grande pierre ronde de figure convexe comme un gros Globe , qui avoit sur sa superficie trois étoiles sur une même ligne representées en bosse ;

je ne pouvois m'imaginer
ce que ce pouvoit être ; cette pierre étoit à un bout des
ruines d'une longue muraik-
le, qui s'étendoit juſques à
la Mer ; cette muraille avoit
du moins trois pieds & demi d'épaiſſeur, mais elle ne
s'élevoit plus au deſſus de
terre, qu'à la hauteur d'un
bon demi pied ; il en étoit
pourtant reſté un pan près
de la Mer qui venoit juſqu'à
la ceinture ; & dans lequel
étoit enchaſſée une grande
piece de marbre rouge en
forme d'exagone, où l'on
voyoit gravez un angle avec
une

une espece de Serpent au
milieu, & tout autour de
certains ornemens & con-
tours bisarres : Je remarquai
que les pierres de la Tour &
de la muraille étoient jointes si prés, qu'il n'y avoit
nulle apparence qu'il y eût
jamais eu ni chaux ni ci-
ment. Quoique pendant tout
le temps que nous avons avons
été dans ces Climats nous
n'ayons rencontré aucun ha-
bitant, il est hors de doute
qu'il doit y en avoir eu, toutes ces choses en sont des
preuves incontestables, & je
me le persuade d'autant plus

que

que j'y ai vû pluſieurs endroits à mon ſens fort propres à cultiver, & que le
froid n'y eſt pas inſuporta-
ble. Nous découvrîmes par
haſard prés de ces mazures
un merveilleux Echo, car
en frappant d'une pierre ſur
une Roche, le coup ſe ré-
petoit juſques à ſix, ſept,
& huit fois le long du rivage; au reſte, on pourroit
faire dans cet endroit un
trés-bon Port de Mer. En
avançant toûjours le long
de la Côte, nous vinmes à
une grande Plage qui avoit
bien trois lieues d'étendue :
elle

elle étoit femée de petits
bancs de fable, & il y avoit
au milieu une jolie petite
Ifle longue & étroite, toute
pleine de rofeaux fort verds,
& dont les bords étoient
tous couverts de coquillages. Quoiqu'il n'y en eût
pas un feul du côté où nous
étions, aprés cette Plage,
la Mer faifoit un grand coude dans les terres, dans le
fonds duquel étoient trois
hautes Montagnes ; celle du
milieu qui étoit la plus haute s'avançoit fi fort fur le
rivage, qu'elle ne laiffoit
guéres plus de trois pieds de
ter-

terrain pour paſſer à côté;
elle avoit du côté de la Mer
un grand trou ou enfonce-
ment, comme une profon-
de Grote , ou je vis deux
ſquelettes d'animaux à quatre pieds ; aprés les avoir bien
examinez , je jugeai que ce
devoit être des ſquelettes
d'Ours , mais qui avoient
été d'une monſtrueuſe groſſeur : l'un occupoit l'entrée
& empêchoit preſque le
paſſage, l'autre étoit tout à
fait dans le fonds , & je
trouvai entre ſes côtes un
gros nid d'oiſeaux , avec
quelques œufs : dans cet
endroit

endroit, nous laissâmes sur nôtre gauche la Mer & ces Montagnes, & entrâmes à droite plus avant dans les terres ; c'étoit un Pays sablonneux, presque tout couvert d'une espece de mousse blanche, & de lieu en lieu on voyoit la terre élevée par petits monceaux, comme dans les champs où il y a des taupes, mais je ne pûs découvrir quelle sorte d'animaux c'étoit : Nous voyions alors devant nous un gros Ruisseau, formé sans doute par les neiges fonduës qui coulent abon-

dam-

damment des Montagnes
voiſines, & comme il nous
étoit impoſſible de le paſſer,
nous fûmes obligez de prendre un aſſez long détour,
& même de marcher long-
temps le long d'un Côteau
dans une neige molle & demi fondue : mais ce qui
nous donnoit courage d'a-
vancer, c'étoit une belle &
grande Prairie qui étoit
preſque vis à vis de nous
toute ſemée de petites fleurs
jaunes, & bornée d'une
longue hauteur, où l'on
voyoit comme un petit bo-
cage d'arbuſtes fort verds;

ces

ces fleurs jaunes exhaloient
une odeur trés-agreable, &
comme je m'amuſois à les
conſiderer, un gros oiſeau
ſortit tout d'un coup d'entre les arbuſtes, qui ſans
s'effrayer ſe vint poſer à
trente pas de nous ; il étoit
à peu près de la grandeur
d'une Oye, & marchoit
fierement comme un Coq,
la tête haute, & hauſſant
fort les pieds à chaque pas ;
ſes ſerres paroiſſoient grandes & pointues, ſon plumage étoit gris, & n'avoit
preſque point de queue ; il
portoit ſur la tête un gros

bou-

bouquet de plumes noires
& blanches, & fort hautes,
qui s'élargiſſant en rond
par en haut, reſſembloient
aſſez à une grande couron-
ne ; ſon bec étoit rouge,
gros & court. Aprés qu'il
eut fouillé quelque peu de
tems dans la Prairie, il prit
dans ſon bec pluſieurs herbes, & s'envola vers la hauteur : je le ſuivis de l'œil,
& le vis entrer au bas dans
un trou ; je m'avançai
promptement & remarquai
que ce trou étoit profond, &
alloit fort en tournant dans
la terre ; j'inferai de là qu'il

y

y avoit son nid, & d'autant
plus, que j'en aperçûs encore quelques autres aussi
profonds & de la même fa-
çon en bas, le long de la
hauteur ; mais nous ne vîmes plus l'oiseau, ni aucun
autre de son espece.

CHAPITRE IX.

D'un grand & beau Baſſin qu'-
une enceinte de Rochers forme
ſur le même Golfe dont on
vient de parler : d'une grande
& haute Montagne qui pa-
roît ſuſpendue dans les airs :
d'un Archipelague ou de plu-
ſieurs Iſles ramaſſées enſem-
ble, d'une grande & haute
Colomne de feu ſur la Mer,
& d'un Phénomene qui avoit
la figure du Soleil.

AYant réſolu d'avancer
encore un peu dans le
Con-

Continent, nous nous mîmes à traverser une grande étendue toute pleine d'une espece de bruyeres, à l'extrêmité de laquelle il y avoit de grands Côteaux tous de pierres rouges, & le terrain étoit à peu prés de la même couleur, de sorte qu'aprés y avoir marché quelque tems, nos souliers & nos bas étoient tout couverts d'une grosse poussiere rouge. Dès que nous eûmes passé ces Côteaux, nous découvrîmes d'abord de grandes Campagnes séches & arides & trés-sablonneuses,

qui

qui dans le lointain n'of-
froient à la vûe, que des
Rochers affreux, & dont
quelques uns étoient ſi hauts,
que leurs ſommets ſe ca-
choient dans les nues. Tous
ces objets ralentirent ſi
fort notre ardeur à péné-
trer plus avant, que chan-
geant de réſolution ſur le
champ, nous nous tournâ-
mes du côté de la Mer, dans
le deſſein de la côtoyer,
juſques à ce que nous fuſſions au détroit des Ours,
près duquel notre Vaiſſeau
étoit à l'ancre. Nous enfilâmes pour cet effet une
grande

grande Valée où le chemin
étoit trés beau & tres uni :
nous trouvâmes ensuite une
grande quantité d'oiseaux,
d'un plumage gris mêlé
d'un peu de noir, ils étoient
à peu près de la grosseur de
nos Pigeons, & avoient le
bec crochu comme des
Perroquets, ils se laissoient
prendre à la main, de sorte que nous en portâmes à
bord autant qu'il nous fut
possible. Bien tôt aprés nous
parlâmes de nous en retourner au vieux monde, mais
à la pluralité des voix nous
résolûmes de voir aupara-
vant

vant la partie occidentale du
Golphe, car nous avions remarqué qu'il s'avançoit beau
coup du côté de l'Occident.
Nous partîmes donc du dé-
troit avec un bon Vent Nord-
Eſt , & voguâmes fort heureuſement plus de vingt quatre heures , en portant vers
l'Oüeſt ; mais aprés le Vent
venant tout d'un coup à tom-
ber nous eûmes un calme qui
dura ſix heures : nous avions
preſque toûjours cotoyé les
terres , & nous en étions
pour lors bien prés, mais
nous n'y pouvions rien diſtinguer à cauſe d'un fort gros
brouil-

brouillard qui regnoit le
long de cette Côte, la Mer &
ce brouillard paroiſſant de la
même couleur : pourtant au
bout de deux petites heures,
il fut entierement diſſipé, &
nous vîmes tout droit vis à
vis de nous une grande &
vaſte enceinte de Rochers,
qui s'avança : dans les terres, formoit un cercle presque entier dans lequel la mer
s'inſinuoit entre deux groſſes
& énormes Montagnes dont
la cime touchoit les nues ;
c'eſt ſans doute le plus beau
& le plus grand Baſſin d'eau
qui ſoit au monde, & où
l'on

l'on pourroit mettre à couvert des Vents, comme dans
un seur & magnifique Port,
plus de trois cens cin-
quante Vaisseaux fort à l'ai-
se ; l'entrée peut avoir quinze cens pas de largeur : les
montagnes de l'enceinte font
d'une mediocre hauteur, &
d'une Roche presque blan-
che, où il y a tout autour
de distance en distance de
grands trous en forme de fe-
nêtres d'Eglise, qui percent
tout au travers, & par où
l'on peut voir la campagne
de l'autre côté : tout cela vû
du lieu où nous étions, faisoit

foit la plus belle perfpective qu'on fe puiffe imaginer ; les deux groffes Montagnes de l'entrée paroiffoient toutes couvertes jufqu'au fommet de mouffe verte. J'entrai moi fixiéme avec la chaloupe dans ce beau Baffin, nous y vîmes tout autour dans des trous du Roc plufieurs nids d'Oifeaux ; l'eau en étoit trés claire, & il nous parut qu'il étoit par tout extrê-mement profond. Le Vent s'étant relevé, fe tourna tout droit Eft, & ayant continué notre route deux ou trois heures, nous nous trouvâmes en-

entre deux bancs de ſable
fort longs, où il y avoit ſi
peu d'eau, que nous eûmes
toutes les peines du monde
à en ſortir : enfin nous nous
en tirâmes heureuſement,
nous découvrîmes ſur notre
gauche au milieu de la Mer,
un aſſemblage de Rochers
qui formoient enſemble une
groſſe maſſe ; il y en avoit
un, qui en penchant extra-
ordinairement, pouſſoit une
fort longue pointe vers le
Nord : il avoit en bas un
peu au deſſus de l'eau, une
trés grande échancrure ou
enfoncement, ſous lequel la
Mer

Mer entroit fort avant, &
comme il regnoit alors une
exhalaison épaisse comme
un nuage autour du pied de
ces Rochers, il étoit im-
possible de voir de loin la
partie, qui l'attachoit à
eux, de sorte qu'il nous
sembla suspendu en l'air,
jusques à ce que nous l'eussions consideré de plus prés;
ce Roc me parut trés digne
d'attention, il est impossible
qu'avec le tems, il ne tom-
be dans la Mer entraîné
par son propre poids : Je
remarquai que tout autour
de ces Rochers, l'eau étoit
épaisse

épaiffe & vertè, & femblable en quelque maniere à
un Marais. Nous étions à
peine à une demie lieue de
là que le Vent fe renforça
extrêmement, & nous fit
voguer avec tant de rapidité, que nous fûmes bien-
tôt en vûe d'un fort grand
nombre de petites Ifles fort
proches les unes des autres;
j'en comptai avec le fecours
de mes Lunettes jufques à
vingt-cinq; elles paroiffoient
toutes vertes comme des
Prairies, nous mîmes pied
à terre dans celle qui étoit
la plus proche de nous,

parce

parce que nous vîmes fur fes
bords une prodigieufe quantité de coquillages, nous y
trouvâmes beaucoup de cette efpece de petites huitres,
dont j'ai parlé dans le Cha-
pitre fixiéme. Nous ne jugeâmes pas à propos de
nous hafarder plus avant entre ces Ifles, car comme
elles étoient fort ferrées, il
y avoit une infinité de bri-
fans, & des eaux tournoyan-
tes que nous crûmes être
autant de gouffres trés dangereux. Nous les laiffâmes
donc à gauche, & au bout
de quinze heures, nous fû-

O   mes

mes dans le fonds le plus
Occidental du Golphe ; la
Côte étoit fort haute, &
nous nous encrâmes dans
une encoignure qu'il y avoit
pour eftre à couvert des
Vents, car il nous fembla
eftre menacez d'une pro-
chaine tempête, & de fait,
bien-tôt aprés de gros &
noirs nuages obfcurcirent
l'air de telle maniere qu'il
faifoit prefque nuit, & comme j'en confiderois un qui
étoit d'une forme fingulie-
re, il s'ouvrit tout d'un
coup & offrit à mes yeux
un feu trés brillant de figu-

er

re circulaire, comme le Soleil, mais qui paroiſſoit
prés d'une fois plus grand;
ce Phenomene fit dans l'eſpace de quelques minutes
trois ou quatre mouvemens
précipitez du Nord au Sud.
Dans ce même tems j'aper-
çus ſur le bord de l'Hori-
ſon, une longue ſuite de
nuages, dont une partie
vint inſenſiblement à tom-
ber en ligne perpendiculai-
re juſques ſur la Mer, ſans
pourtant ſe détacher des
autres : c'étoit une vapeur
trés claire & trés tranſpa-
rente que le Vent pouſſoit

peu à peu vers nous : quand
elle fut plus proche , elle
parut de la couleur d'un feu
pâle , & reffembloit ainfi à
une grande & haute co-
lomne de feu , qui tou-
chant d'une extrémité la
Mer, & de l'autre les nues,
fe mouvoit fur la furface des
eaux : au bout d'un quart
d'heure elle s'évanouit, &
il n'en refta plus qu'une le-
gere fumée , qui fut bien-
tôt tout à fait diffipée ; cependant, le feu circulaire
fe faifoit voir de tems en
tems dans les intervalles des
nuages , & forma peu aprés
dans

dans l'air un trés bel Arc
compofé de deux couleurs,
favoir d'un jaune clair, &
d'un verd qui tiroit un peu
fur le bleu. Cet Arc fe re-
flechiffant dans la Mer, faifoit un cercle parfait, d'une
beauté extraordinaire; mais
le Vent fe renforçant extrêmement, la Mer devint
fort groffe, & les vagues
fe venoient brifer fur la Côte, avec une furieufe im-
petuofité ; de forte qu'il
fembloit que tous les Vents
fuffent déchaînez, auffi eû-
mes⁕ nous une effroyable
tempête qui fit dans trés-

peu

peu de tems disparoître ce
bel Arc & le Phénomene
qui le formoit. Nous nous
trouvâmes bienheureux d'ê-
tre postez comme nous l'é-
tions, à couvert de l'effort
des Vents. Aprés que cette
tempête fut passée, & que
l'air se fut éclairci, je montai sur la Côte pour voir
tous les environs, mais rien
ne s'offrit à mes yeux que
Roches sur Roches & Mon-
tagnes sur Montagnes, dont
les sommets & les intervalles étoient tous couverts de
neige : en un mot, c'étoit
un Pays d'une séchereffe &
d'une

d'une sterilité surprenante, & où le froid se devoit faire sentir d'une maniere excessive. M'y étant avancé environ mille pas, je vis sortir d'un trou qui étoit au pied d'une coline, une espece de Renard, mais beaucoup plus gros que les Renards ordinaires : tout son poil étoit presque roux, il avoit le bout du nez & les quatre pates blanches jusques au dessus de la jointure : il vint sans s'effrayer brouter une sorte de mousse blanche qui étoit à vingt pas de moi, c'étoit une femelle,

melle, car un moment aprés cinq ou ſix de ſes petits, tous marquez comme elle, ſortirent du même trou & vinrent auſſi brouter autour d'elle : mais quelques-uns de mes Compagnons étans ſurvenus au même endroit, tous ces animaux s'épouvanterent, & s'enfuirent précipitamment dans leur taniere.

CHA-

CHAPITRE X.

L'auteur & ses Compagnons font voile pour le vieux monde ; ils trouvent quelque tems aprés dans leur chemin un effroyable Ecueil ; ils arrivent au Cap de Bonne-Esperance, avanture extraordinaire arrivée à l'auteur quelques jours aprés avoir mis pied à terre.

QUoique par les diverses courses que nous avions faites dans les Terres Antarctiques, nous n'eus-

P   sions

ſions pas penetré fort avant dans le Païs, nous en avions pourtant aſſez vû pour juger aiſément de tout le reſte ; & comme par pluſieurs raiſons il n'y avoit pas lieu d'y pouvoir ſéjourner plus long - tems, nous nous préparâmes à partir au plûtôt, pour retourner au vieux monde. Nous réſolûmes de nous rendre au cap de Bonne-Eſperance : nous fimes donc voile avec un bon Vent d'Oueſt, qui nous fit ſortir en peu de tems du Golfe & du Détroit ; nous portions toutes nos voiles,

&

& parce que le Vent étoit
fort, nous faifions beaucoup
de chemin en peu d'heures ;
nous prîmes hauteur & trouvâmes foixante & deux de-
grez fix minutes de latitude
Meridionale, & pour lors
nous revîmes le Soleil pour
la premiere fois, il étoit
environ midi. A peu prés
vers les trois heures, nous
nous trouvâmes entre deux
courans trés rapides, ce
qui nous fit craindre qu'il
n'y eût aux environs quelque dangereux écueil, je pris
mes Lunettes d'aproche, &
je vis une infinité de poin-

res de Roches au deffus de
l'eau, au milieu defquelles
fe rendoient de divers endroits plufieurs gros courans, qui par leur impétuofité y élevoient une groffe
& bouillonnante écume :
nous prîmes toutes les précautions imaginables, ce-
pendant notre Vaiffeau étoit
entré à moitié dans un de
ces courans, mais un coup
de gouvernail donné à propos nous en retira, & nous
eûmes enfin le bonheur de
fortir d'un pas fi dangereux
fans aucun autre accident,
& nous arrivâmes heureu-
fement

sement au Cap de Bonne-
Esperance au bout de quelques jours à dix heures du
matin , le cinquiéme de
Juillet mil sept cens quatorze. En entrant dans la
maison où j'allois loger,
j'apris qu'on venoit d'enterrer un jeune homme , qui
depuis quatre ou cinq se-
maines étoit venu de Bata-
via. Quand on m'eut dit
son nom , je me souvins
d'abord qu'il avoit été de
ma particuliere connoissance
& un de mes bons amis ; je
m'informai donc trés exactement de toutes les parti-

cu-

cularitez de ſa mort. Ayant un ſoir regalé cinq ou ſix de ſes amis, & bû avec eux un peu plus que de raiſon, il fut attaqué vers la minuit d'un trés violent mal de tête accompagné de fort vives douleurs dans tous ſes membres : il monta à ſa chambre & ſe mit au lit, & environ une heure aprés quelqu'un étant allé voir s'il n'auroit point beſoin de quelque choſe, il fut trouvé roide mort ; on le garda ſeulement deux jours, & puis on l'enterra ; pour lors il me revint heureuſement

en

en memoire, qu'il m'avoit
conté autrefois, qu'étant âgé
de dix ou douze ans, il
étoit tombé en léthargie
dans la maison de ses pere
& mere, & qu'il avoit resté
trois jours & trois nuits sans
donner la moindre marque
de vie ; je m'en allai donc
sans perdre un moment de
tems demander la permis-
sion de le déterrer, ce que
j'obtins facilement. Je voulus me transporter moi-mê-
me au Cimetiere, je fis ou-
vrir la fosse & le cercueil
en toute diligence, puis on
le porta dans la maison où

P 4 il

il fut mis dans un bon lit bien chaud. Je remarquai qu'il n'avoit pas cette grande pâleur que les corps morts ont d'ordinaire, & que même il avoit une espece de petite rougeur au milieu de la joue gauche : il resta plus de six heures sans faire le moindre mouvement, & je voulus toûjours cependant demeurer au chevet de son lit : il fit enfin un trés petit soupir, & sur le champ je lui voulus donner une cuillerée d'une excellente liqueur que j'avois fait apporter exprés, mais

ses

fes dents étoient fi ferrées que je n'en pûs faire entrer une feule goute. Peu aprés il fouleva 'un peu le bras gauche, & je lui remis la cueillere entre les dents que j'entr'ouvris affez pour le faire avaller, & de fait il avalla quelque chofe, & ouvrit un moment aprés les yeux, mais fans avoir aucune connoiffance : enfin, il revint tout à fait à lui, & aprés m'être fait connoître, & lui avoir conté en peu de mots tout ce qui s'étoit paffé, il me témoigna toute la reconnoiffance poffible

du

du grand ſervice que je ve-
nois de lui rendre, & s'é-
tonna fort de ce que ſon
hôte l'avoit fait enterrer ſi
promtement : Il me dit enſuite qu'il avoit un Valet,
qui par ſa mort prétendue,
étoit ſans doute reſté le
maître de quelques bijoux,
d'une ſomme aſſez conſidé-
rable d'argent monnoyé &
de quelques Marchandiſes
qu'il avoit. Je le fis chercher, mais il ne ſe trouva
point ; ſans doute que dès
le moment qu'il apprit que
ſon Maître pourroit bien n'ê-
tre pas mort, il avoit trouvé

vé le moyen de s'évader, ou de se cacher si bien, qu'il ne fut pas possible de le découvrir, quelque exacte perquisition ou recherche qu'on pût faire ; de cette maniere ce pauvre jeune homme se voyoit dénué de toutes choses, ses habits même ne furent pas trouvez. J'avois heureusement au Cap un homme de ma connoissance, avec qui j'avois autrefois fait quelques affaires ; il voulut bien à ma recommandation lui avancer ce dont il avoit besoin : Comme on attendoit au pre-

premier jour des Vaiſſeaux
de la Compagnie Orientale
qui devoient paſſer au Cap,
pour enſuite s'en retourner
en Hollande, nous réſolû-
mes de nous y en aller enſemble. Ils arriverent au bout de
trois ſemaines, & quelques
jours aprés nous nous em-
barquâmes, & par la grace
de Dieu nous vinmes heu-
reuſement à Amſterdam.

F I N.

APPROBATION.

J'AY lû par l'ordre de Monseigneur le Garde des Sçeaux, la *Relation d'un Voyage du Pole Arctique au Pole Antarctique. A Paris le 31 Août* 1722.

BLANCHARD.

PRIVILEGE DU ROY.

LOUIS par la grace de Dieu Roi de France & de Navarre : A nos amez & féaux Conseillers les Gens tenans nos Cours de Parlement, Maîtres des Requestes Ordinaires de notre Hôtel, Grand-Conseil, Prevost de Paris, Baillifs, Sénéchaux, leurs Lieutenans Civils & autres nos Justiciers qu'il appartiendra, SALUT. Notre bien-amé Gabriël Amaudry, Libraire à Paris, Nous ayant fait supplier de lui accorder nos Lettres de Permission pour l'impression d'un Livre intitulé, *Relation d'un voyage du Pole Arctique au*

Pole Antarctique par le centre du mon-
de ; Nous avons permis & permettons
par ces Presentes audit Amaulry de
faire imprimer ledit Livre en tels volu-
mes , forme , marge , caractere , con-
jointement ou séparement & autant de
fois que bon lui semblera , & de le vendre , faire vendre & débiter par tout
notre Royaume pendant le temps de
trois années consécutives , à compter
du jour de la date desdites Presentes :
Faisons défenses à tous Libraires-Im-
primeurs & autres personnes , de quelque qualité & condition qu'elles soient
d'e troduire d'impression étrangere
dans aucun lieu de notre obéissance ; à
la charge que ces Presentes seront en-
registrées tout au long sur le Registre
de la Communauté des Libraires & Imprimeurs de Paris, & ce dans trois mois
de la date d'icelles ; que l'impression
de ce Livre sera faite dans notre royaume & non ailleurs, en bon papier & en
beaux caracteres, conformément aux
Reglemens de la Librairie ; & qu'a-
vant que de l'exposer en vente , le ma-
nuscrit ou imprimé qui aura servi de
copie à l'impression dudit Livre , sera

remis dans le même état où l'Approbation y aura été donnée, és mains de notre trés-cher & féal Chevalier Garde des Sceaux de France le sieur Fleuriau d'Armenonville ; & qu'il en sera ensuite remis deux Exemplaires dans notre Bibliotheque publique, un dans celle de notre Chasteau du Louvre, & un dans celle de notredit trés-cher & féal Chevalier Garde des Sceaux de France le sieur Fleuriau d'Armenonville, le tout à peine de nullité des presentes ; du contenu desquelles vous mandons & enjoignons de faire jouir l'Exposant ou les ayans cause pleinement & paisiblement, sans souffrir que il leur soit fait aucun trouble ou empêchement : Voulons qu'à la copie desd. presentes, qui sera imprimée tout au long au commencement ou à la fin dudit Livre, foy soit ajoutée comme à l'original. Commandons au premier notre Huissier ou Sergent de faire pour l'execution d'icelles tous actes requis & necessaires, sans demander autre permission & nonobstant clameur de Haro, Charte Normande & Lettres à ce contraires : Car tel est notre plaisir. Donné à Paris le dix-huitième jour du mois de Septembre, l'an de grace mil sept cens vingt deux, & de notre Regne, le huitiéme. Par le Roi en son Conseil.

DE S. HILAIRE.

J'ai cedé aux sieurs d'Espilly, Pissot & Horthemels, Libraires à Paris, à chacun un quart au present Privilege, suivant l'accord fait entre nous. A Paris ce ving-huit Septembre 1722.

AMAULRY.

Regiftré le present Privilege, ensemble la Cession, sur le regiftre 5me de la Communanté des Libraires & Imprimeurs de Paris, page 223. N°. 348. conformément aux reglemens, & notament à l'Arreft du Conseil du 13 Aouft 1703. A Paris ce 8 Octobre 1722.

BALLARD, Syndic.